3つのステップで
すぐできる!

草花あそび・しぜんあそび 7

光や風で
あそぼう

監修◉露木和男　写真◉キッチンミノル

ポプラ社

はじめに

　60年いじょう前、わたしが みなさんのように 小さかった ころ、虫を とったり、川に 魚を とりに いったり、野山で なかまたちと ぼうけんごっこを したり した ことを よく おぼえて います。

　まわりには、しぜんが たくさん ありました。楽しかったなぁ。

　今、思い出しても なつかしくて しかたが ありません。

　それは、しぜんの 中で、心が いつも ときめいて いたからです。ワクワク して いたからです。ふしぎな せかい、おどろくような せかいに、自分が 入って いくような 気が して いました。

　この 本には、しぜんで あそぶ 楽しい ほうほうを たくさん しょうかいして います。この 本を さんこうに して、じっさいに みなさんも しぜんに ふれあい、しぜんの あそびを する ことが できるのです。

　そう、わたしの 小さい ころのように、みなさんも 楽しい あそびが できるのです。

さがして みる こと、はっけん する こと、よく 見る こと、作る こと、
ためす こと、そして、あそぶ こと。
　それは、みなさんの 中に ある 「いのち」 が かがやく ことなのです。
「うれしい じぶん」 に 出会う ことなのです。

元早稲田大学教育・総合科学学術院教授　露木和男

先生・保護者の方へ

　私は、子どもたちと接するうえで、子どもの感性を守りたい、と切に願っています。
　自然と切り離された子どもは、感性が摩耗していきます。自然が子どもを育てるという考え方は、私たち大人が思っている以上に大きな意味があるのです。
　レイチェル・カーソンの著作としても知られる「センス・オブ・ワンダー」という言葉があります。「神秘さや不思議さに目を見張る感性」というような意味をもつこの言葉は、これからの日本でくらす子どもの教育にとって、極めて重要な意味をもってくるような気がしています。子どもは、細やかな日本の自然のよさに気づくことで、しなやかに成長していきます。
　そうはいっても、身近には限られた自然しかない地域も少なくありません。その中で、子どもと自然をどう触れ合わせるのか、大人の側の悩みもあります。
　このような現状を考え、子どもが進んで自然に親しむ場をつくってみたい、という願いからこのシリーズは生まれました。昔から伝えられた遊びもあります。オリジナルの遊びもたくさんあります。これは面白いと思っていただける遊びをたくさん紹介しています。
　まずは子どもと遊んでみてください。そして、自然の素晴らしさ、ありがたさ、さらには子どもたちにそれを「伝える」ことの喜びを感じていただけたらうれしく思います。

元早稲田大学教育・総合科学学術院教授　露木和男

3つのステップで
すぐできる!
草花あそび・
しぜんあそび
7

光や風で
あそぼう

もくじ

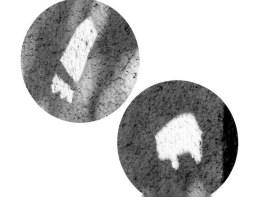

光や 風で あそぶ ときの ポイント

光や 風は 形の ない もの だけれど、みの まわりに
あふれて いるよ。どんな 場所、どんな 時間に あそぶと
楽しいかな。あそぶ ときの ポイントを しょうかいするよ。

こんな 場所で あそぼう

公園や 学校の グラウンドなど ひろびろと した
場所は、光や かげ、風を つかった あそびに
もってこいだよ。

光で あそぶ ときは、たてものなどの かげが
できて いない ところを えらぶと いいでしょう。
はねかえした 光を 人の 顔に あてては いけません。

天気が いい 日は、教室など へやの まどの
近くでも たっぷり 光が 入って くるよ。
まどを あけて みれば、風も 入って きます。
まどからは からだを のり出さないように しましょう。
風が 足りない ときは うちわや せんぷうきを つかって
みても いいでしょう。

じゅんび

うごきやすい ふくそうで、あつい 日は
ぼうし、タオル、のみものなども
わすれずに。出かける 前に、
天気よほうで この あとの
天気を かくにんして
おくと あんしんです。
出かける ときは、
大人と いっしょに 行くか、
家の 人に 言ってから
出かけます。

風が 弱い 日は、風を あてたい ものを
もって 走れば、風を あつめられます。

おすすめは 昼から 夕方の 時間

あそぶのは 明るい 昼から 夕方に しよう。日の 光を たっぷり かんじられるよ。かげの あそびは、昼と 夕方で ようすが かわるから、くらべて みても おもしろいよ（→15ページ）。

風が ふいて いる むきなども かんじて みましょう。

夕方の かげは、昼に くらべて 長く なります。

⚠️気を つけよう

⚠️あつすぎる 日、風が 強すぎる 日は やめよう
ひどく あつく なりそうな 日や 風が 強すぎる 日は、外に 出るのは きけんです。外で あそぶのは やめましょう。

⚠️強い 光に あたりすぎない
あつい 日に 太陽の 下に 長く いると、ねっちゅうしょうに なる ことが あります。こまめに ひかげに 入ったり、水分を とったり しましょう。

⚠️家の 人に 言って 出かける
だれと どこに 行くか、何時に 帰るか、かならず 家の 人に つたえてから 出かけましょう。

⚠️光を ちょくせつ 見ない
目を いためて しまうので、太陽の 光を ちょくせつ 見ては いけません。かがみなどで はねかえった 光を 自分や 人の 顔に むけるのも、きけんなので やめましょう。

⚠️くらく なる 前に 帰る
夕方に かげあそびを して いると、あっという間に 日が くれます。あたりが くらく なる 前に 家に 帰りましょう。

カラフルかげ作り

かかる時間
5分
くらい

色水を 入れた ペットボトルを、太陽の 光に あてると、
どんな かげが できるでしょうか?

> はれた 日に おすすめ

いろいろな
色の かげが
できた!

8

ステップ **1** ペットボトルに
水を 入れる。

入れる 食べにや
えのぐが 多いほど、
色が こく なるよ

よういするもの

● ペットボトル
● 水
● 食べに
　（または えのぐ）
● 小さいスプーン
　（または ふで）

ステップ **2**

ペットボトルに 食べに
（または えのぐ）を
スプーン（または ふで）で
ひとすくい 入れ、
きつく ふたを して
よく ふり、まぜる。

えのぐを つかう ときは、ふでの 先に
えのぐを つけて ペットボトルの 中に
入れ、ふって とかそう。

ステップ **3** 太陽の 光が あたる 場所に、
ペットボトルを おく。

もっと 楽しく♪

ほかの ものでも カラフルな かげを 作ろう！

色つきの ビンや、カラーセ
ロハンでも、カラフルな か
げが できます。どんな か
げに なるか、ためして み
ると 楽しいですよ。

かげあてクイズ

かかる時間
5分
くらい

体や、みの まわりに ある どうぐを つかって、いろいろな 形の かげが 作れますよ。
何の 形か、友だちに クイズを 出して みましょう。

🚩 はれた 日に おすすめ

ステップ 1
クイズを 出す 人と
答える 人を きめる。

あれ!? なんだか
あの 生きものに
見えるよ!

お玉 2つと、
紙ざらで……

ステップ 2
クイズを 出す 人は、
どうぐや 体の かげを ためしながら、
何の かげを 作るか 考える。

答える 人は、目を とじるなど して、かげを
作る ところを 見ないように してね。

近づけたり 遠ざけたり、かたむけたり して
みましょう。かげの りんかくが ぼやけたり
形が かわったり しま
す。どんな ふうに か
わるか ためして みて
も 楽しいですよ。

ぼやけて 見えるよ

はっきり
見えるよ

なーんだ？

うーん

ステップ 3
答える 人に かげを
見せ、何の 形か
クイズを 出す。

10

カメだ！

ざると
お玉で……

目だ～！

こうして
作ったよ

よういするもの
● 紙ざらや
　お玉、ざるなど
　いろいろな どうぐ

紙ざらと
お玉で……

何の かげ
でしょうか？

にじを 作ろう

かかる時間 **5**分 くらい

よういするもの
- 大きめの 入れもの
- 水
- かがみ （おりたためる ものが おすすめ）
- 白い 画用紙

雨が 上がると、空に きれいな にじが 出る ことが ありますね。
光と、水と、かがみが あれば、紙の 上にも にじを 作る ことが できますよ。

🚩 はれた 日に おすすめ

ステップ **1**

入れものに、半分くらいまで 水を 入れる。

ステップ **2**

かがみを 立てかけるのが むずかしい ときは、ほかの 人に ささえて もらおう。

かがみを 太陽の ほうへ むけて、入れものの 中に 立てかける。

! 光を 自分や 人の 顔に あてない

ステップ **3**

! 光を 自分や 人の 顔に あてない

かがみに はねかえった 光を、白い 画用紙に あてる。
白い 画用紙の 場所によって、はねかえった 光が にじ色に なるよ。
画用紙を うごかして、にじ色に なる 場所を さがして みよう。

画用紙を 近づけたり 遠ざけ たり して みましょう。

にじだ！

光の スタンプ

よういするもの
- 黒い 画用紙
- クレヨンや えんぴつ
- はさみ
- かがみ
- セロハンテープ

かがみと 紙で、すきな 形の 光の スタンプを 作って みましょう。

▶ はれた 日に おすすめ

ステップ **1**

黒い 画用紙に すきな 絵を かく。

＼ 車を かくよ！ ／

画用紙は、かがみと 同じくらいの 大きさに 切って おこう。スタンプに するのは、細かい 絵より 形の はっきりした 絵が おすすめ。

光を 自分や 人の 顔に あてない！

車と ロケットの 形の 光を 作ったよ！

かがみで はねかえした 太陽の 光を、かべに うつすと……

ステップ **2**

つかうのは こちらだよ！

かいた 絵を はさみで 切りぬく。

ステップ **3**

画用紙を セロハンテープで かがみに はる。

カラーセロハンの ステンドグラス

かかる時間
20分
くらい

よういするもの
● 紙ざら
● はさみ
● カラーセロハン
● セロハンテープ
● のり

ステンドグラスは、色とりどりの
ガラスを 組みあわせて もようなどを
作った ものです。ガラスの かわりに
カラーセロハンを つかって、すてきな
ステンドグラスを 作りましょう。

▶ はれた 日に おすすめ

光に すけて
きれいだなあ

ステップ 1

**紙ざらの まんなかを、
はさみで 切りぬく。**

紙ざらを 半分に おり、はさみで
少し 切りこみを 入れてから、
グルリと 切りぬこう。

ステップ 2

**大きめに 切った
カラーセロハンを、
紙ざらの あなを
ふさぐように
セロハンテープで はる。**

何まいか 組みあわせて
紙ざらの あなを ふさごう。

ステップ 3

できた!

**さらに 小さく 切った
カラーセロハンを のりで
はり、もようを 作る。**

太陽の うごきと かげの 長さ

かげの 形や むきは、同じ 日、同じ 場所でも、時間によって かわります。それは、太陽の いちが 時間によって かわるからです。

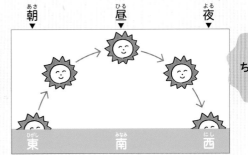

朝 ▼　昼 ▼　夜 ▼

東　南　西

太陽を ちょくせつ 見ない

太陽は どう うごく?

太陽は 朝、東の 方角から 出て きます。そして、どんどん 高く のぼって いき、昼ごろに 空の 高い ところ（南の 方角）を 通って、夜、西の 方角に しずんで いきます。

かげの 長さは どう かわる?

ひくい ところに ある

太陽

かげは 長い

🕐朝6〜7時ごろ　🕐夕方5〜6時ごろ

太陽が 空の ひくい ところに ある ときは、かげは 長く なります。

太陽

少し 高い ところに ある

かげの 長さは ちゅうくらい

🕐朝9〜10時ごろ　🕐昼2〜3時ごろ

太陽が 空の 少し 高い ところに ある ときは、かげは ちゅうくらいの 長さです。

太陽

高い ところに ある

🕐昼 12〜1時ごろ

かげは みじかい

太陽が 空の 高い ところに ある ときは、かげは みじかく なります。

むかしの 人は かげを 見て 時こくを たしかめた?
5000年 いじょう 前、人びと は 太陽の うごきによって か わる かげから 時こくを 知っ ていました。これを「日時計」 と いいます。人が いちばん さいしょに 作った 時計です。

きょだいふうせん

かかる時間
15分
くらい

ごみぶくろを つなぎあわせて、大きな ふうせんを 作りましょう。
風が ふいて くる ほうに むかって、思いきり 走ると、
ふうせんが しっかり ふくらみますよ。

🚩 風が 強い 日に おすすめ

ステップ1
2まいの ごみぶくろの
そこを、はさみで 切る。

ステップ2
そこを 切った ごみぶくろ
2まいと、のこりの 1まいを
セロハンテープで つなぎあわせる。

切って いない ごみぶくろの そこが、いちばん はしに
くるように してね。すきまが できないように
はりあわせよう。

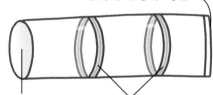

切って いない
ごみぶくろの そこ

前は 口が
あいている

セロハンテープで
グルリと
はりあわせる

ステップ3
あいて いる 口の ほうを もち、
大きく ひらいて、
走って 風を 入れる。

もっと 大きな
ごみぶくろで
作っても いいよ

16

風を
つかまえろー！

ごみぶくろを
頭から
かぶらない

大きく
ふくらんだ〜！

もっと
楽しく♪

なげて みよう
ふくらませた ふうせんの 口を むすんで、
ポーンと なげて あそんで みよう！

とんだ！

ポーン

顔を かいても 楽しいよ。

17

クルクルたこ

かかる時間 **20**分 くらい

うずまきの 形に 切った 紙と 糸で できる、かんたんな たこです。
糸を もって 走ると、ふしぎ！ 風に のって クルクルと 回りますよ。

風に のって
クルクル 回るよ！

いきおい よく
回るかな

ステップ 1

画用紙(がようし)に グルグルと
うずまきを かき、色(いろ)を ぬる。

うずまきが
かけたよ

ステップ 2

うずまきの 線(せん)に そって、はさみで 切(き)る。
はしから まんなかに むかって、グルグルと 切(き)って いこう。

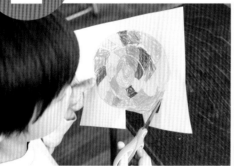

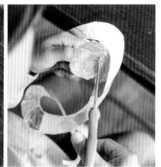

ヘビみたい

ステップ 3

たこ糸(いと)を 60 センチメートル
くらいの 長(なが)さに 切(き)り、
うずまきの まんなかに
セロハンテープで はりつける。

ひもが はずれないように、しっかり はりつけよう。
ステープラー (ホチキス) で とめても いいよ。

たこ糸(いと)を
もって
走(はし)ると……

ストローひこうき

かかる時間 **20分** くらい

ストローを つかって、よく とぶ ひこうきを 作って みましょう。
うまく 風に のると、遠くまで とびますよ。
どこまで とばせるでしょうか?

大きい わっかの 近くを もつよ

大きい わっかが 手前

ピューン!!

力を 入れすぎず、
フワッと とばすのが
ポイント!

それー!!

もっと 楽しく♪

作りかたを 少し かえて

ストローの 本数や わっかの
大きさを かえて みよう。
とびかたが かわるよ!

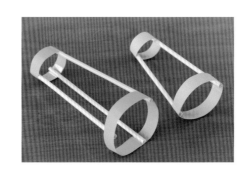

よういするもの
- 画用紙
- えんぴつ
- じょうぎ
- はさみ
- セロハンテープ
- ストロー 2本

ステップ **1**

画用紙を 下の
大きさに 切る。

じょうぎを つかって えんぴつなどで
線を 引いてから 切ると いいよ。

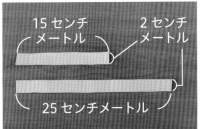

15 センチ
メートル

2 センチ
メートル

25 センチメートル

切れたよ

ステップ **2**

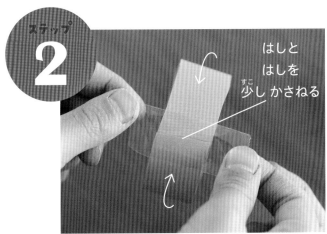

はしと
はしを
少し かさねる

切った 画用紙を、
それぞれ わっかに して、
はしと はしを 少し かさねて、
セロハンテープで とめる。

ステップ **3**

わっかの うちがわに、
セロハンテープで
ストローを 2本 はりつける。

2本の ストローが、まっすぐ
むかいあうように はるよ。

まっすぐ
むかいあうように

まがる ストローを
つかう ときは、まが
る ところから 下を
切って、長い ほう
だけを つかいましょ
う。

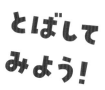

とばして
みよう!

ウインドチャイム

かかる時間 **20**分 くらい

風に ゆられて いろいろな 音を かなでる、ウインドチャイムを 作りましょう。
ぶらさげる ものや ならべかたを くふうして みてくださいね。

🚩 風が 強い 日に おすすめ

ステップ **1**

ぶらさげる ものの
数だけ、ししゅう糸を
15 センチメートル
くらいに はさみで 切る。

いろいろな 色の
糸を つかっても
すてきだよ

ストローの 先に
ししゅう糸を のせ、
マスキングテープで
グルリと まいて とめる。

ステップ **2**

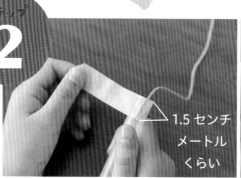

1.5 センチ
メートル
くらい

スプーンや フォークなども 同じように ししゅう糸を つけるよ。

ステップ **3**

ししゅう糸の 先を ハンガーに 2回ほど まきつけて しっかり むすび、
あまった 糸を はさみで 切る。

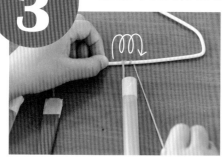
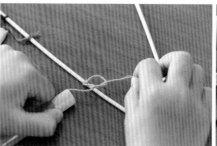

スプーンや フォークなども 同じように すきなだけ むすんで いこう。
ゆれた ときに、ストローや スプーンが ぶつかるように つけてね。

カラン カラン

♪

♪

風が ふくと いい音が する♪

まどべなど 風が ふく 場所に かざると……

もっと 楽しく♪

リボンなどを つけて おしゃれに！
お気に入りの リボンや レースなどを いっしょに むすんで みてね。

ユラユラパラシュート

フワッと なげると、空を まうように
ゆっくり おちて きます。
風に のって ユラユラ おちて くる パラシュートは、
つい おいかけたく なりますね。

フワッと 高く
なげて みよう

ユラ
ユラ

まって〜！

24

ステップ 1

ポリぶくろの下がわに、ゆせいペンでおうぎのようなカーブを かき、はさみで 切る。

切ると こんな 形に なるよ!

右のように 線を 引きます。たての 長さとよこの 長さは 同じくらいにしましょう。

同じくらいの 長さ

こちらが 下

よういするもの

- ポリぶくろ（ノートくらいの大きさの、マチ*がない もの）
- ゆせいペン
- はさみ
- 糸
- じょうぎ
- セロハンテープ
- 目玉クリップ

*マチは、ふくろを 広げたときに できる そこのあつみの ことです。

ステップ 2

ポリぶくろを ひらいて、20 センチメートルくらいに切った 糸を 4本、セロハンテープで はりつける。

はずれないように しっかりと はろう。

ポリぶくろのうちがわにセロハンテープでひもを はりつける

ひもがむかいあうようにはる

ステップ 3

糸の 長さが 同じくらいになるように、4本の 糸の先を まとめて、目玉クリップで とめる。

上にむかってなげて みよう

できた!

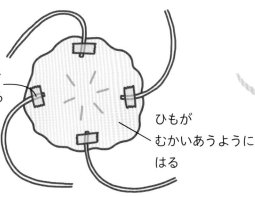

ソーラーバルーンを うかそう

黒い ごみぶくろで 作った 「きょだいふうせん」（→16〜17ページ）を、太陽の 光に よく あてて あたためて みましょう。フワフワと 空に うかびあがります。よく はれた 日に やって みましょう！

公園や グラウンドなど 広い ところで あそぼう。

ごみぶくろを 頭から かぶらない

どうして うくの？

黒い 色は 光を よく きゅうしゅうします。黒い ごみぶくろ に 太陽の 光が あたると、ふくろの 中の 空気が あたたまり ます。空気は あたたまると ふくらみます。ふくらむと、そ の分、うすくなり、まわりの 空気より かるく なるので、フ ワフワと 空に うかびあがるのです。気球も 同じ しくみです。

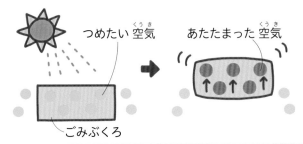

つめたい 空気　　あたたまった 空気

ごみぶくろ

うまく うかす ポイント

● 冬の よく はれた、風が あまり ない 日が おすすめ。

● ごみぶくろは できるだけ 大きく、うすい ものを えらぶ。

● ごみぶくろには パンパンに 空気を 入れる。

● ごみぶくろに あなが あかないように ちゅう い。あなが あいたら セロハンテープな どで ふさぐ。

● ごみぶくろに う まく 空気が 入 らない ときは ドライヤーで つ めたい 風を 入 れても よい。

1 2まいの ごみぶくろの そこを はさみで 切る。

2 そこを 切った ごみぶくろ 2まいと、のこりの 1まいを セロハンテープで つなぎあわせる。

★16 〜 17ページの「きょだいふうせん」の作りかたも さんこうにしてね。

よういするもの
- 45リットルの 黒い ごみぶくろ（あつさが うすい もの）3まい
- はさみ
- じょうぎ
- ジッパーつき ポリぶくろ
- セロハンテープ
- あなあけパンチ
- たこ糸（2〜3メートルくらい）

3 ジッパーつき ポリぶくろの、上から 5センチメートルくらいを 切りとる。

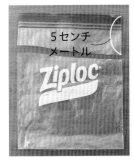

5センチメートル

4 口が あいて いる ごみぶくろの はしに、**3**を ジッパーの 下まで 入れて、セロハンテープで しっかり はりつける。その 下の、ごみぶくろの 口も すきまが ないよう セロハンテープで とじる。

しっかり はりつける

セロハンテープで とじる

5 ジッパーの 上に あなあけパンチで あなを あけて、たこ糸を 通して むすぶ。

6 ジッパーの 口を ひらいて もち、ごみぶくろの 中に 風を 入れる。空気が パンパンに 入ったら、ジッパーの 口を しっかり とじる。

7 太陽の 光が よく あたる 場所に ごみぶくろを おき、あたたまるまで まつ。

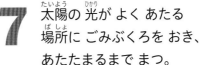

このとき、ふくろが 風で とばされないよう、たこ糸は もっておこう。しばらくすると、フワリとうかびあがるよ。

おすすめの しぜんあそびを つたえよう

しぜんの ものを つかって、どんな あそびが できましたか？
お気に入りの あそびを、「しぜんあそび おすすめカード」に
まとめて、みんなで 見せあいましょう。

「しぜんあそび おすすめカード」には こんな ことを かこう！

何て いう あそびなの？

どうして おすすめ なの？

きみの おすすめの あそびを おしえてね！

何を つかうの？

どうやって あそぶの？

あそんだ ところを 見たいなぁ！

カードに まとめてみよう！

ほかにも こんな ことを おしえて！

- むずかしかった ところ
- じょうずに あそぶ コツ
- さわった かんじや 聞こえる 音など、気づいた こと

「しぜんあそび おすすめカード」の かきかた

「しぜんあそび おすすめカード」と「ひとことカード」は、この 本の さいごに あります。
先生や おうちの 人に コピーして もらって つかいましょう。

みんなに おすすめしたい あそびの
名前を かきましょう。

あそんで いる ようすや、作った おもちゃ
などを 絵に かきましょう。

デジタルカメラや パソコンで とった
しゃしんを つかっても いいですね。

しぜんあそび おすすめカード
7月 8日
2年 1組 　多田 こうき
おすすめの あそびは 　ウインドチャイム 　です

風で ストローや スプーンが ゆれると
カチカチ 音が なって、それが がっき
みたいでした。見て いても 聞いて いても、
おもしろいです。

もっと！
ハンガーに つける かざ
りの しゅるいを かえて、
どんな 音が なるのか
じっけん して みたい！

あそびかたや おすすめし
たい ところ、とくに おも
しろい ところ、かんじた
ことなどを かきましょう。

しぜんあそび おすすめカード
11月 18日
1年 3組 　小山 まどか
おすすめの あそびは 　カラーセロハンの ステンドグラス 　です

自分の すきな 色を はるのが 楽しいです。

光に あてると、色も もようも
ハッキリ 出て すごく
きれいでした！

いいね！
何色の
カラーセロハンが
いちばん きれいでしたか？

立川 ゆか

ひとことカード

自分の かいた「しぜんあそび おすすめカード」に つけたしたい
ことを はりつけたり、友だちの「しぜんあそび おすすめカード」を
よんで、つたえたい ことを かいて わたしたり しましょう。
もっと！…もっと 楽しい あそびに するための アイデアや、
　　　　ふしぎに 思った ことなど。
いいね！…友だちの「しぜんあそび おすすめカード」を よんだ
　　　　かんそうや、しつもんなど。

そざいと あそびの さくいん

このシリーズで しょうかいした あそびと、それに つかった そざいを、あいうえおじゅんに ならべて います。

監修　露木和男（つゆき　かずお）

福岡県生まれ。筑波大学附属小学校教諭を経て、2009〜2020年の11年間、早稲田大学教育・総合科学学術院教授。現在は「早稲田こどもフィールドサイエンス教室」指導統括をしている。主著に『小学校理科 授業の思想—授業者としての生き方を求めて』(不昧堂出版)、『「やさしさ」の教育—センス・オブ・ワンダーを子どもたちに—』(東洋館出版社)などがある。

あそびプラン考案　　岩立直子（くりの木倶楽部）

写真	キッチンミノル
モデル	有限会社クレヨン
	（遠藤優月、渋谷いる太、鈴木琉生、関野レオ、千北侑和、前島花凪、
	松本季子、丸﨑 琴、渡辺和歩）
デザイン	鷹觜麻衣子
キャラクターイラスト	ヒダカマコト
イラスト	藤本たみこ、ゼリービーンズ
DTP	有限会社ゼスト
校正	夢の本棚社
編集	株式会社スリーシーズン（渡邉光里、奈田和子）
撮影・写真協力	葛飾区観光フィルムコミッション、みらい館大明、ピクスタ

3つのステップですぐできる！　草花あそび・しぜんあそび 7

光や風であそぼう

発行	2023年4月　第1刷
監修	露木和男
写真	キッチンミノル
発行者	千葉　均
編集	片岡陽子、湧川依央理
発行所	株式会社ポプラ社
	〒102-8519　東京都千代田区麹町4-2-6
	ホームページ　www.poplar.co.jp（ポプラ社）
	kodomottolab.poplar.co.jp（こどもっとラボ）
印刷・製本	図書印刷株式会社

ISBN 978-4-591-17625-2　N.D.C.786　31p　27cm　　　　　© POPLAR Publishing Co., Ltd. 2023　Printed in Japan

あそびをもっと、まなびをもっと。
こどもっとラボ

3つのステップですぐできる！

草花あそび・しぜんあそび

全7巻

監修●露木和男　写真●キッチンミノル

小学校低学年向き

N.D.C.786　AB判　オールカラー

図書館用特別堅牢製本図書

ポプラ社はチャイルドラインを応援しています

18さいまでの子どもがかけるでんわ

チャイルドライン®

0120-99-7777

毎日午後**4**時〜午後**9**時 ※12/29〜1/3はお休み

電話代はかかりません　携帯（スマホ）OK

18さいまでの子どもがかける子ども専用電話です。
困っているとき、悩んでいるとき、うれしいとき、
なんとなく誰かと話したいとき、かけてみてください。
お説教はしません。ちょっと言いにくいことでも
名前は言わなくてもいいので、安心して話してください。
あなたの気持ちを大切に、どんなことでもいっしょに考えます。

チャット相談は
こちらから

しぜんあそび　おすすめカードと ひとことカード

右の しぜんあそび おすすめカードと 下の ひとことカードは、 コピーして つかいます。

A4 サイズの紙に原寸でコピーしてください。モノクロでもコピーできます。

つかいかたは 28〜29ページを 見てね

ひとことカード

太い 線で 切りとって つかいましょう。

もっと！

いいね！

じゆうに つかってね